brigitte mensens-fritz, jahrgang 1956, hat an der
universität wien psychologie studiert.
sie arbeitet in freier praxis als psychotherapeutin
und als shamanic practitioner in wien.

das zuhause der worte

gedichte
brigitte m. fritz

© **Brigitte M. Fritz 2013**
  Wien, Österreich

Texte: Brigitte Mensens-Fritz

Photographie und Layout: Marion Mensens

Herstellung und Verlag:

BoD – Books on Demand, Norderstedt

ISBN 9783732248087

Alle Rechte vorbehalten.

für meine familie.

die texte entstehen aus erlebnissen
im schamanischen bewusstseinszustand
und aus der reflexion meiner spirituellen arbeit.

ich danke allen meinen begleiterInnen.

brigitte m. fritz

wien 2013

ein atemzug
Universum
prayer for trinity
unterm himmel
in den morgennebeln
* glück
Kriegerin
omina
entfesselung
erfahrungen
so still
kleid
entfesselung 2
der fluss
* tage wie gras
Traveling Ghost
ich singe
reise
* schweig mein herz
die Begleiter
städte
traumfragment
erinnere dich
ohne
felder
der Brennende Baum
* und nähme ich
SeelenVogel
wer wir sind
nachts
das Zuhause der Worte
hier ist dein raum

<u>ein</u> <u>atemzug</u>

wenn die seelen einander wiedererkennen
schlägt es in dich wie ein stein

wenn die seelen einander wiedererkennen
möchtest du laufen
soweit du nur kannst

stehst du vor verschlossener tür

hast du lachen und zorn

wenn die seelen einander wiedererkennen
bist du plötzlich froh

wenn die seelen einander wiedererkennen
klingt dir
und sei es für einen atemzug
das lied der bedingungslosigkeit

Universum

Ich bin
dein schild und
deine stärke
die sterne
scheinen dir
in Meiner ewigkeit

horch
und du bist durchdrungen
von Meinem atem
schweig
und du bist durchflossen
von Meiner stimme
denn du sollst teil sein
Meiner gegenwart
von allem anbeginn

du hast die wahl
Mir zu vertrauen
du magst dich fügen
oder nicht
in jedem fall
lehre Ich dich
mit Mir zu gehen
schritt für schritt
im leben und
im tod

prayer for trinity

three wishes left
                then
please let me work
  dancing my duties

  two wishes left
                then
please let me walk
   singing my ways

    one wish left
                then
please let me live
  drumming my heart

unterm himmel

mäßige dich
sagt die vernunft
doch mein hunger
verschlingt mich

bleib nachgiebig
mahnt die anpassung
doch meine kanten
brechen hervor

sei still
zischt die zurückhaltung
doch ich trage
dieses schreien in mir

lasst mich
den mut zum überschäumen finden
lasst mich
behutsam sein und hart
kraftvoll und schwach
gewichtig und
wie ein hauch im leben

und unterm himmel
inmitten der welt
lasst mich lieben
endlich
so laut ich kann

<u>in</u> <u>den</u> <u>morgennebeln</u>

in den morgennebeln
fliegen die seelen der bäume

abends sind sie aufgestiegen
zum reisen
sodass die bäume
raum
für ihre träume haben

und am morgen
sinkt jede seele
aus dem nebel
in ihren baum zurück

zuweilen halten sie
zwischen schlafen und wachen
bewusst inne
der nebel umschwebt die bäume
die seelen warten ab

dann achte dies
als ihr geschenk
es lässt
die tore zwischen den welten
dir im guten offenstehn

in den morgennebeln
fliegen die seelen der bäume

* gl<u>ück</u>

was ich will
ist auch
was ich brauche

was ansteht
liegt bereit
für meine hände

an den orten bin ich
in die ich gehöre

vereint
sind die gesänge
der freude trauer und ruhe

und
in mir
ist immer
die richtige zeit

* nach einem keltischen schöpfungsmythos

<u>Kriegerin</u>

die Ich beschütze vor
Mir selbst
können leicht
glauben dass Ich
zu zähmen bin

Meine schönheit aber
hat in stille
schon viele verführt
Meine wünsche fallen tief
auf grund
wo nichts mehr möglich ist

manchem zeige Ich Mich
viele können nicht standhalten
dann müssen auch jene
die Mich in sich tragen
weiterziehn

denen die bleiben jedoch
sei Mein schwert gewiss
Meine verbundenheit
und Mein beistand
auf ihrem weg

omina

die schlange der
schamanInnen
windet sich
vom wald zu tal
nicht enden wollend
weiter
und weiter
wir
die geschenkt bekommen
dies zu sehen
und auferlegt
es zu leben
gehen mit ihr und in ihr
warten auf uns
und auf andere
lassen uns tragen
von gemeinsamkeit
vom fern sein
und von der zukunft
die in uns ist
manchmal sterben wir dabei
ein stück
dies
ist unsere gabe
damit die Kraft
wieder genesen
kann

<u>entfesselung</u>

bevor es beginnt
bereits
bete ich

und hab doch diese worte nie verstanden

Gott steh mir bei
uns bei
uns allen bei

es ist noch früh
so früh

nur sehen
die flamme der kerze

nur hören
mögen wir für einander
ohne vorwurf sein

so halte ich mich daran
fest
nun geht es seinen gang
und während das notwendige bewirkt wird

begreife ich
dass wir
vielleicht
nicht immer zu wissen brauchen
was wir
tun

<u>erfahrungen</u>

manchmal ist
trotz allem
das aushalten
so schwer

kann sein
ähnlich
als würde man
den blick nicht abwenden
beim verlassen werden

<u>so</u> <u>still</u>

ich bin so still
still wie der sonnenwind
still wie ein totes kind
so still

ich bin so still
still wie der tau auf stein
wie ganz in flammen sein
so still

ich bin so still
wie das bereuen macht
wie eine liebesnacht
so still

<u>kleid</u>

ich bitte Dich
lass durch mein wesen wehen
Dein kleid aus schleier
hoffnung güte zuversicht

sodass kein pfad mehr sein muss
mich zu führen
keine zeit
nur noch der grund
den Du bereitest
in mir

<u>entfesselung 2</u>

in all meinem tun
trägt mich eine sehnsucht
woher kommt sie
wohin will sie mich bringen

und wozu
mein einziger vertrauter
verlässlichster feind
mein bruch im herzen

doch hier und
jetzt
haben die Geister mich genommen
bringen geschenke im übermaß
im wunder des unmöglichen
werde ich geboren
durchwoben von neuer wirklichkeit

die ich nicht suche
finden mich
nie mehr
werde ich hungern
und nichts
wird umsonst gewesen sein

nun
wird meine sehnsucht mich lassen
und mich der freude
übergeben

<u>der fluss</u>

in den fluss
legen Sie den stein
der fluss schäumt
denn kann er nun nicht mehr
fließen
seinen vorgefassten lauf

dann gibt er sich
in das neue
und so wird
energie zur kraft
zur kraft
dieses einen flusses
wie auch dieser stein
für ihn nur bestimmt war

aus der mühsal wird
das geschenk und die klarheit

dann
legen Sie den nächsten stein

* <u>tage</u> <u>wie</u> <u>gras</u>

die tage der menschen
voll
glauben hoffen lieben
voll angst
flüchtigkeit und schönheit
fließend und fliegend
unsere stunden

doch du meine seele
spürst den strom
des Ewigen Wortes
als schlügen noch in dir
die meere der urzeit

du meine seele
weißt den Heiligen Namen
kennst Sein erbarmen
das geschenkt ist
jedem leben
so auch dir

du meine seele
bist frei vom tod
du hörst den Atem der Schöpfung
setzt vor Ihm hin dein segel
und fürchtest nichts

dann
möge gelassenheit mich begleiten
hingabe
an unverbrüchliche treue

dann mögen sein
meine tage wie gras
und ich blühe
wie eine blume des feldes
über das
der wind Gottes fährt

* gedanken zum 103. psalm

Traveling Ghost

the Traveling Ghost rides on the winds
flies sparkling in the flames
when woods are cold and waters rough
he watches people´s games

for cruelty to leave he cries
for peace to come he sings
the hillside fields with mists he flows
these are his loving wings

the Traveling Ghost on silent step
appears aside the light
and while my sorrow hurts so hard
he leads me through my night

<u>ich singe</u>

die stacheln
der erfahrungen
einzeln werden sie mir
aus dem leib gezogen
so schrei ich auf
bei jedem riss
und fließt mein blut
zu jeder wunde ihre bilder
und ihre farben
kaum kann ich atem schöpfen
so folgt es aufeinander

und in den pausen
und wie das leben
wieder

ein wenig länger
wird

und sanfter

da singe ich

<u>reise</u>

die reise nachhause
ist eine reise des stolzes
und
ihn abzulegen

ist eine reise der beklommenheit
und
sie zu überwinden

ist eine reise der liebe
und
der suche
der suche
der suche
nach Dem Dort
dem ort dem ort
wo sie nicht enden muss

die reise nachhause
so
weit
ist
die reise zur gewissheit
dass wir
angekommen
sind

* <u>schweig mein herz</u>

schweig mein herz und lausche
es ist früher tag
die kühle und der frieden
schon nachts im walde lag

alles ist getragen
auch was trotzt und fleht
wellen
wind und lichter
durchfließen dein gebet

ruh mein herz und schwebe
sing für dich mein lied
es hält dich in den armen
Die
Die Alles Sieht

* „o schweig nur herz …" (clemens brentano)

<u>die Begleiter</u>

es warten
die so viele sind
in ihrer großen leere

doch gibt es ein Irgendwo
dort sind selbst die vergessenen
gefunden

dies habe ich gesehen
dies weiß nun
auch ich

eine aufgabe
für meine seele
ein platz
unter den gefährten

wir sind
die Begleiter
kennen wir nicht den weg
so wird er uns entgegenkommen
keiner von uns
trägt dies
allein

städte

in manchen städten
sind uns

die straßen schon bestimmt
die häuser bereitet

die bäume gepflanzt
und
die brücken gebaut

sodass
selbst wenn wir starke menschen sind
wir einfach
platz nehmen dürfen

traumfragment

für einen augenblick
ist mir ein land beschieden
wo leben ineinander führt
und wo ich seh
ein zarter stoff
der zeiten bahn
sie liegt in mir
um zu verschmelzen

und wollt ich halten
was ich fühl
so müsst ich wieder
in den schlaf

            <u>erinnere</u> <u>dich</u>

            erinnere dich kind
            Meine kraft ist dein
        Meine waffen richte Ich aus
              nehme auf mit dir
      die bunten spiele deines lebens

            erinnere dich kind
          es gibt kein verlorensein
          dich hülle Ich in Mein tuch
                  aus licht
            teile das unteilbare

            erinnere dich kind
              vor deinen augen
        in der linie deines blickes
                  stehe Ich
                  gehe Ich
                breche Ich
                  jeden tod

<u>ohne</u>

wer bin ich
wenn ich ohne überhebung bin

wer bin ich
wenn ich ohne gnade bin

wer bin ich
wenn ich ohne andere bin

wer bin ich
ohne meine geschichten

wer bin ich
ohne meine gedanken

wer bin ich
ohne täuschung

wer bin ich
ohne furcht

<u>felder</u>

vertrocknete erde
in die der regen fällt

einsickert

in die absinkende nacht
zwischen den Wesen
der felder

der nie gestillte durst

und die liebe
des Immerwährenden

und die sich schließenden risse

und ich

in die
der regen fällt

<u>der</u> <u>Brennende</u> <u>Baum</u>

seine wurzeln fassen tief
in die kühle erde
seine krone trägt
reiches grün
seine glut schlägt hoch
in die sphären
der Brennende Baum verbindet
die welten

stehst du am Brennenden Baum
ist es nicht nötig zu kämpfen
nicht wichtig
besonders
zu sein
sei wie der Baum
und brenne

in ruhe

in den himmel

* und nähme ich

Du hast mein leben
unter das licht gestellt

Dir muss ich nicht
mich beweisen
denn Du wirst mich
immer erkennen

Du überlässt mir
leid und freude
vertraust
dass ich es gut machen werde
wirfst feuer in mich
stein
wind und wasser

wenn ich nicht weiß
wie ich Dich ansprechen kann
dann lächelst Du

und

Nähme Ich Flügel Der Morgenröte
Und Bliebe Am Äussersten Meer
So Würde Mich Doch
Deine Hand Daselbst Führen
Und Deine Rechte
Mich Halten

* gedanken zum 139. psalm

SeelenVogel

wenn der himmel rot ist
und Ich schüttle das gefieder

streife im lufthauch
bergspitzen
schnee bricht auf

blitze schlagen
um Mich her
stille suchen
und den sturz

den horst verlassen
schreien im sprung
lautlos kreisen
zu tal

über dächern
behutsam rauschen
und kommen
über dich

<u>wer</u> <u>wir</u> <u>sind</u>

zuweilen tun wir
das schwerste
im sein lassen

verdichten alle existenz
zu wahrhaftigkeit

stehen entblößt
vor dem leben

dann gibt es nur
das unumgängliche

dann sei barmherzig
wer uns begegnet

dann ist die zeit
des werdens
wer wir sind

<u>nachts</u>

es mögen uns
die sterne wiegen
in lichtern
von vor langer zeit
stehn nachts wir still
sind wir umsungen
mit liedern der unendlichkeit

<u>das</u> <u>Zuhause</u> <u>der</u> <u>Worte</u>

das Zuhause der Worte
ist ein ort der stille
schwebend
inmitten der räume

nichts was je gedacht wird
geht verloren
ist etwas zu sagen
so wirst du es hier finden
und
was geschrieben stehen soll
steigt auf

also
dürfen wir
ganz ruhig sein

<u>hier</u> <u>ist</u> <u>dein</u> <u>raum</u>